두리야, 응가를 도와줘!

지은이 | **강범규 · 고정욱** 그림 | **권지은**

엉덩이가 들썩들썩
방귀가 뿡뿡
유리는 응가가 마려워요.
뽀옹~

뽀오옹 뽀옹~~
유리야~~

화장실에서 누가 유리를 부르네요.

"너는 누구야?"

샴푸
"안녕? 나는 두리야.
내가 도와줄게. 나랑 같이 응가해 볼까?"

"그래, 두리야. 그런데 이건 뭐야?"

"응~~ 유리가 **응가**하는 곳이지."

아항! 나도 엄마처럼 여기서 응가할래!!

유리는 엄마가 응가하던 모습을 생각했어요.

엄마가 엄마 변기에 **찰파닥!**

옷을 벗고, 영~차!
유리는 유리 변기에 찰파닥!

엄마가 힘을 주어요. 끄응!

유리도 힘을 주어요.
응가야 나와라!
영차 영차,
끙끙!

와~ 엄마 응가 나왔네! 아이, 시원해!

또르르 퐁당!

와~ 유리도 엄마처럼 예쁜 응가가 나왔어요!

그런데 그 다음에는 어떻게 해야 하지?
"두리야, 도와줘!"
샴푸
린스

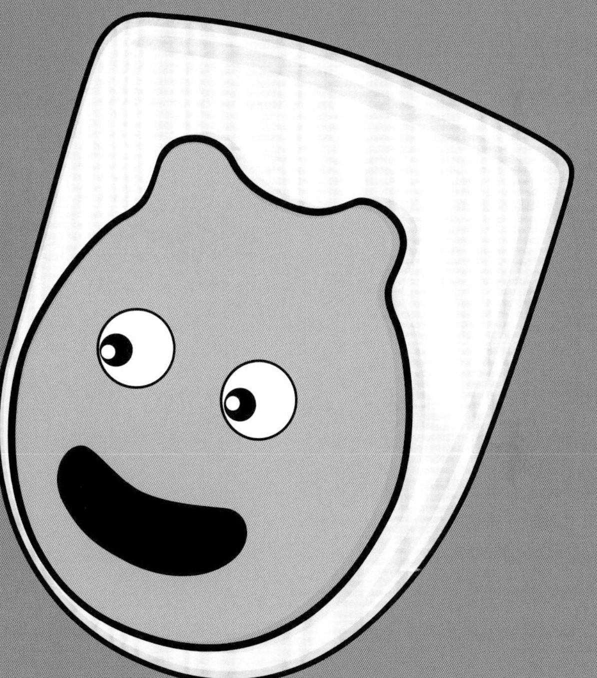

"응!! 내가 도와줄게!
화장지로 엉덩이를 깨끗이
닦아야지."

아~하!
화장지로 엉덩이를 깨끗이 싹싹싹!

"이제 끝났어?"

"아니 아니. 응가를 멀리 멀리 보내주자!"

“내 옆의 손잡이를 눌러줄래?”

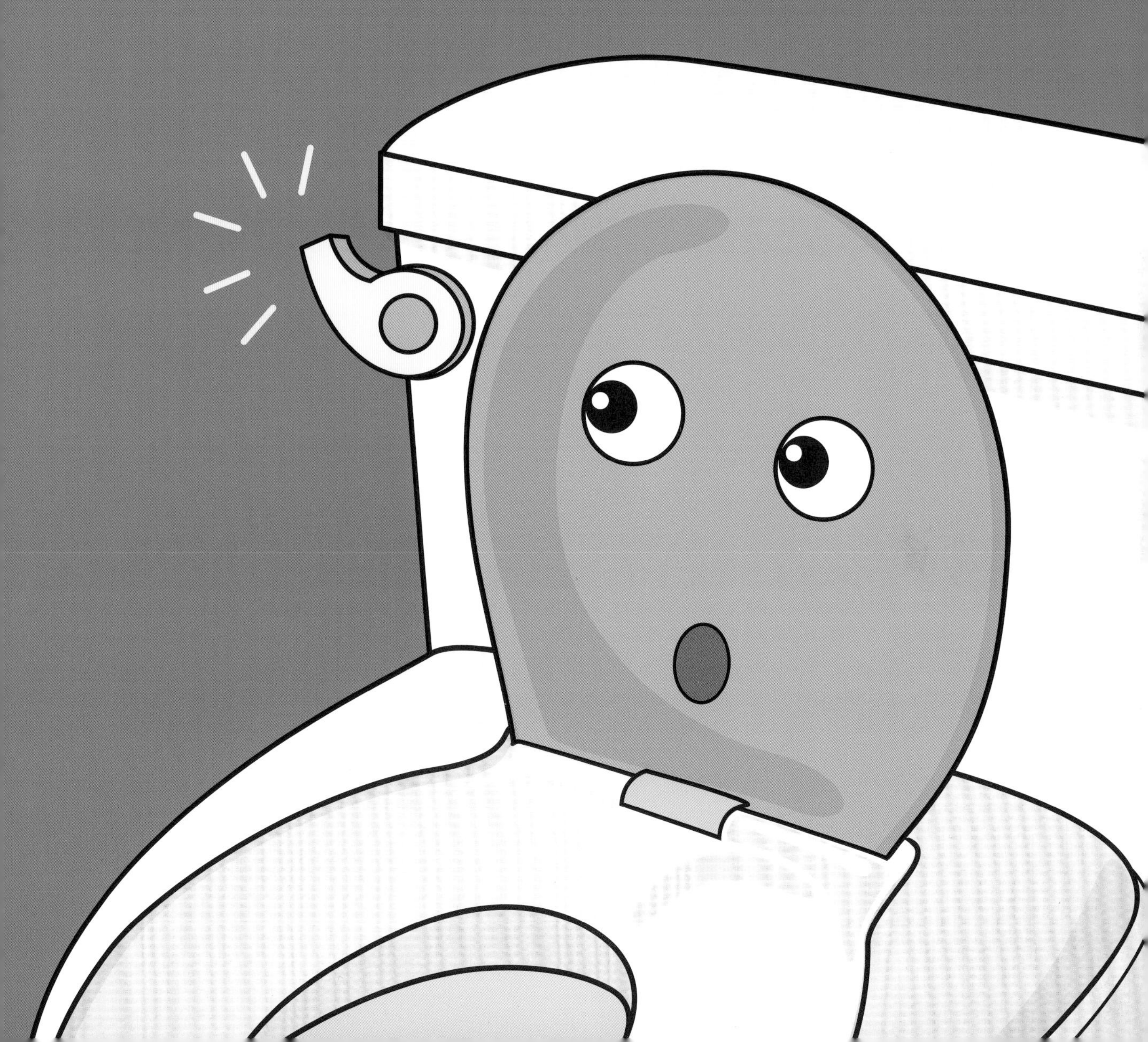

손잡이를 꾸욱~

"이젠 함께
인사하는거야."
응가야 잘가~
휘리릭!
콸콸콸 쏴아~~

"이제 끝났지?"
"아니 아니. 깨끗이 손 씻어야지."

보글보글
뽀드뽀드

이제 응가 마려울 땐 두리를 찾아와줄 거지?

내 친구 두리를 소개해줄게!

반가워, 두리야.

배변 습관 그림책

두리야, 응가를 도와줘!

1판 1쇄 발행 2014년 9월 22일
1판 15쇄 발행 2020년 11월 11일

지은이 강범규, 고정욱
그림 권지은
펴낸이 안광욱
펴낸곳 도서출판 비엠케이
편집 상현숙
제작 (주)꽃피는청춘
출판 등록 2006년 5월 29일(제313-2006-000117호)
주소 서울시 마포구 성미산로 10길 12 화이트빌 101
전화 02) 323-4894 **팩스** 070) 4157-4893
이메일 arteahn@naver.com

값은 표지에 있습니다.
ISBN 978-89-965605-7-9 77590

「이 도서의 국립중앙도서관 출판시도서목록(CIP)은 서지정보유통지원시스템 홈페이지(http://seoji.nl.go.kr)와
국가자료공동목록시스템(http://www.nl.go.kr/kolisnet)에서 이용하실 수 있습니다.(CIP제어번호: CIP2014025424)」